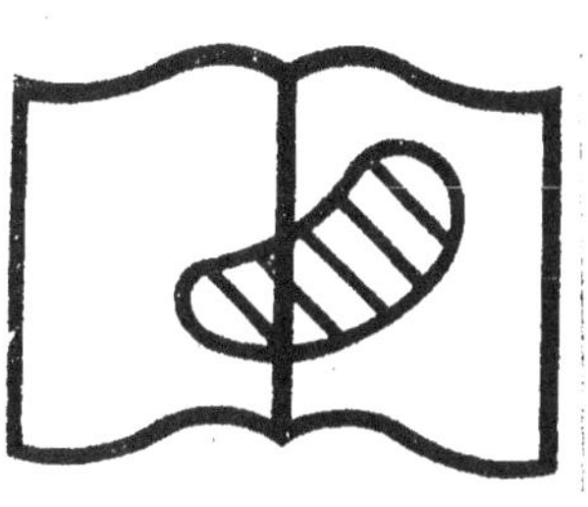
Illisibilité partielle

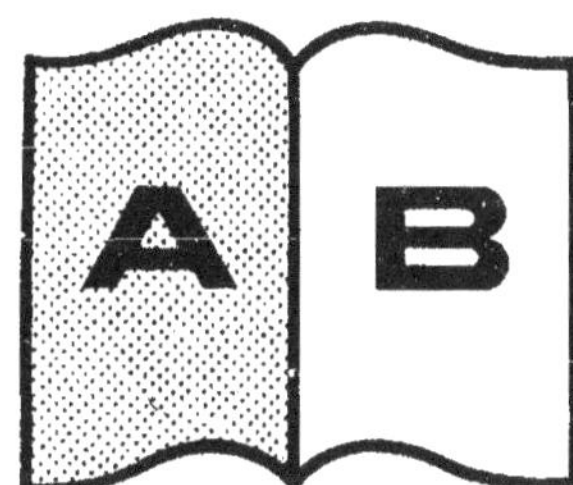
Contraste insuffisant
NF Z 43-120-14

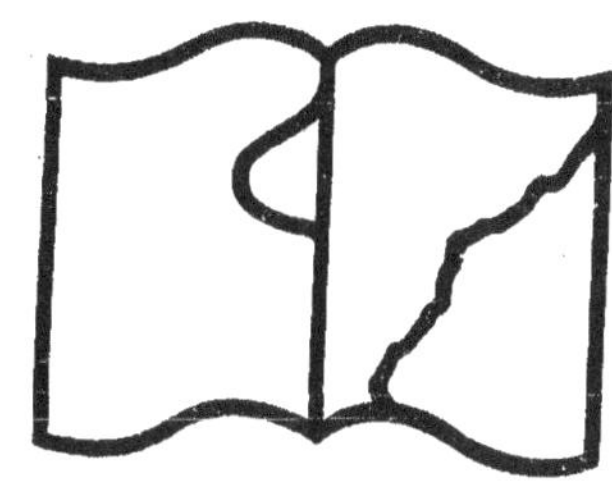
Texte détérioré — reliure défectueuse
NF Z 43-120-11

Valable pour tout ou partie
du document reproduit

Couverture inférieure manquante

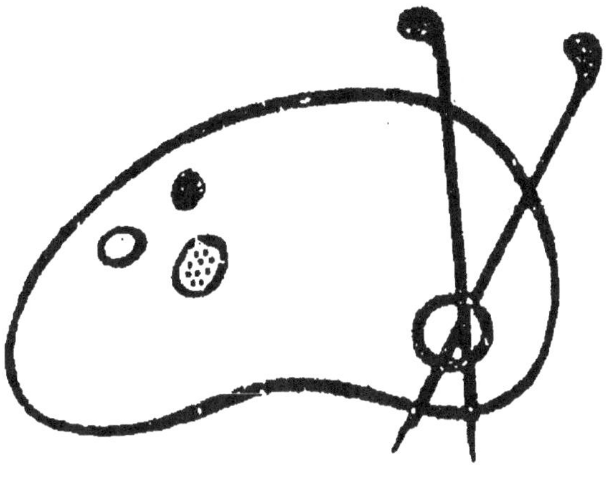

Début d'une série de documents
en couleur

JEAN TRISTAN, SIEUR DE SAINT-AMANT

LETTRES INÉDITES

ADRESSÉES

A PEIRESC

(1633-1636)

PUBLIÉES ET ANNOTÉES

PAR PH. TAMIZEY DE LARROQUE

Associé correspondant national de la Société des Antiquaires
de France.

Extrait des *Mémoires de la Société nationale des Antiquaires
de France*, tome XLVI.

PARIS

1886

(4)

A Monsieur Léopold Delisle

Souvenir reconnaissant et affectueux

Ph. Tamizey de Larroque

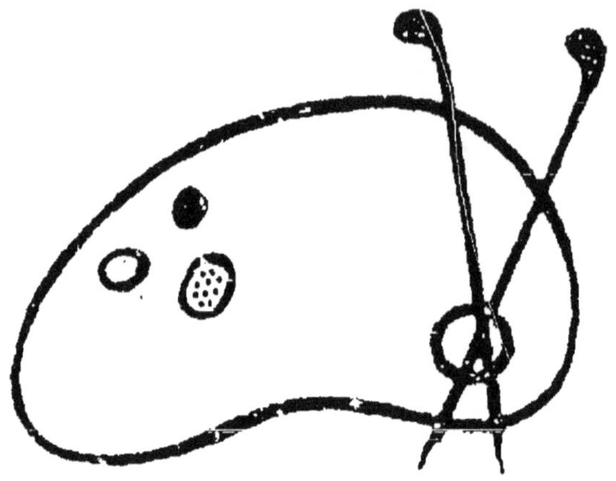

Fin d'une série de documents
en couleur

JEAN TRISTAN, SIEUR DE SAINT-AMANT

LETTRES INÉDITES

ADRESSÉES

A PEIRESC

(1633-1636)

PUBLIÉES ET ANNOTÉES

Par PH. TAMIZEY DE LARROQUE

Associé correspondant national de la Société des Antiquaires
de France.

Extrait des *Mémoires de la Société nationale des Antiquaires
de France*, tome XLVI.

PARIS

1886

LETTRES

ADRESSÉES A PEIRESC

PAR

JEAN TRISTAN, SIEUR DE SAINT-AMANT.

Jean Tristan, sieur de Saint-Amant, a joui, pendant le XVIIe siècle, de quelque célébrité comme numismatiste ; il est aujourd'hui fort oublié et je n'ai pas la prétention de rajeunir sa renommée d'autrefois. Je voudrais seulement, en publiant le petit recueil de celles de ses lettres à Peiresc qui nous ont été conservées, faire profiter les curieux de sa causerie avec ce grand homme.

Avant d'analyser cette causerie, qui n'est ni sans verve ni sans originalité, je raconterai rapidement l'histoire très simple de sa vie, qui, si elle fut embellie par le travail, fut, en revanche, fort troublée par des querelles. Demandons d'abord à Adrien Baillet quelques renseignements sur l'origine de notre antiquaire. Voici comment il s'exprime[1] : « Jean Tristan, sieur de Saint-Amant et du Puy d'Amour. Je ne puis vous en dire autre chose, sinon que c'étoit un gentilhomme établi de demeure dans la ville de Paris, n'ayant point d'autre office ni qualité que celle de gentilhomme ordinaire de la chambre du roi. J'ay ouï dire qu'il venoit d'une noblesse assez récente de Picardie, et qu'il étoit petit-fils d'un vendeur d'huile dans un bourg du Beauvaisis nommé Hallwin, autrement Maignelay, sur les limites de Santerre[2]. » D'après le *Moréri* (1759), Jean Tristan, écuyer[3], sieur de Saint-Amand[4] et du Pui de Saint-Amour, fils de Charles Tristan, auditeur des comptes, à Paris, s'attacha à Gaston de France, duc d'Orléans, et se rendit très habile dans la connaissance de l'antiquité et des médailles. L'auteur de l'article assure qu' « il étala une érudition recherchée » dans le *Commentaire historique, contenant en abrégé les vies des empereurs jusqu'à Pertinax* (Paris, 1635, in-fol.), et qu'animé par le succès de cet ouvrage, il le remania entièrement, et y joignit deux autres volumes, où il finissait à Valen-

1. *Jugemens des savans*, t. VII, in-4°, 1722 ; *Satires personnelles*, chap. IV, p. 330.

2. Maignelay, chef-lieu de canton du dép[t] de l'Oise, arrond. de Clermont, à 40 kilomètres environ de Beauvais.

3. Ce titre s'accorderait mal avec ce que dit Baillet de l'humble situation de la famille Tristan ; plus loin, nous verrons Tristan prendre le titre, plus relevé encore, de chevalier.

4. C'est à tort qu'ici, comme dans d'autres recueils, la lettre D a pris la place de la lettre T.

tinien, et qu'il publia en 1644[1]. Il ajoute qu'il eut avec un antiquaire italien, Angeloni (1644), et avec le P. Sirmond (1650), de violentes et longues disputes[2], après lesquelles « il ne publia plus rien, quoiqu'il vécut encore en 1656. » L'auteur de l'article a oublié qu'en cette même année 1656 fut publié le *Traité du Lys, symbole divin de l'espérance, contenant la juste défense de sa gloire, dignité et prérogatives : ensemble les preuves irreprochables que nos Monarques françois l'ont toujours pris pour leur devise en leurs couronnes, sceptres et vêtements royaux, en leurs écus, étendars, jusqu'à présent, par messire* JEAN TRISTAN, *chevalier, seigneur d'Hutton, Malassis et Saint-Amant, gentilhomme ordinaire de la chambre du roi, enrichi de figures* (Paris, Piot, in-4°)[3].

1. *Commentaires historiques, contenant l'histoire générale des empereurs romains,* etc., *illustrée par les médailles* (Paris, 3 vol. in-fol.). La prétendue édition de 1657 (3 vol. in-fol.) est la même que celle de 1644, dont on a changé le titre. Voy. *Manuel du libraire,* t. V, p. 954.

2. A. Baillet a donné d'abondants détails sur la polémique engagée entre le savant religieux et le fougueux Tristan (t. VII déjà cité, p. 328-329); il analyse là les traités, au nombre de trois de chaque côté, que les combattants se lancèrent à la tête.

3. Voir la *Bibliothèque historique de la France* (édition Fevret de Fontette, t. II, p. 757, art. 27049). On y dit que le *Traité du Lys* est composé contre le discours de J.-J. Chifflet : *De insignibus Regum Francorum,* publié dans l'*Anastasis Childerici Lib. XII* (Anvers, 1655, in-4°). Tristan, selon les auteurs de la *Bibliothèque historique,* prouve que les rois de France n'ont jamais eu des abeilles pour armes, comme l'avait imaginé Chifflet, et qu'ils ont fait usage des fleurs de lis depuis Clovis. Ces mêmes auteurs reprochent à Sminckius (préface

Les recueils biographiques de notre temps n'ajoutent rien à ces renseignements, rien, si ce n'est une erreur, car ils font mourir en 1656 [1] celui qui, d'après le *Grand dictionnaire historique*, vivait encore en cette année. J'ai vainement cherché dans la *Gazette* la date du décès de celui que Gassendi avait appelé *rerum antiquarum eximie peritus* [2].

de son édition d'Eginhard, Utrecht, 1711, in-4°) d'avoir prétendu que cet ouvrage de Tristan est très rare. Sminckius s'était-il beaucoup trompé? On lit dans le *Manuel du libraire* (t. V, p. 954) que le livre de Tristan est peu commun. Quoi qu'il en soit, Chifflet riposta par le *Lilium francicum* (Arras, 1658, in-fol.), et ce fut le jésuite Jean Ferrand qui, dans ses *Victrices Vindiciæ* (Lyon, 1663, in-4°), réfuta l'adversaire de Tristan, lequel n'était plus là pour défendre sa thèse.

1. Weiss, *Biographie universelle*; anonyme, *Nouvelle biographie générale*. Weiss blâme sévèrement, comme on l'avait déjà fait dans le *Moréri*, la conduite de Tristan à l'égard du P. Sirmond, qui était son ami, et que, malgré son grand âge et son grand savoir, il traita de la façon la plus inconvenante. Baillet, lui aussi, a fort désapprouvé « la chaleur avec laquelle le bonhomme M. de Saint-Amant s'est lancé contre son adversaire. »

2. *Viri illustris Nicolai Claudii Fabricii de Peiresc, senatoris Aquisextiensis*, etc. La Haye, 1651, lib. III, p. 257. Le biographe de Peiresc met en 1620 le commencement des relations de son héros avec Saint-Amant. Ce fut à l'occasion du camée de la Sainte-Chapelle, représentant l'apothéose d'Auguste, que les deux archéologues se virent et s'apprécièrent. Gassendi rappelle que Tristan fit graver ce célèbre camée dans ses *Commentaires*, où il atteste que c'est de Peiresc qu'il en eut la première connaissance, que ce fut en sa compagnie qu'il admira ce chef-d'œuvre, ajoutant que tout éloge qu'il pourrait faire du savoir de l'archéologue provençal serait encore au-dessous de son éclatante réputation dans toute l'Europe.

Les six lettres que l'on va lire renferment quelques particularités qui nous aideront à un peu mieux connaître le sieur de Saint-Amant. Dans la première, qui est du 18 février 1633, il recommande au conseiller du roi en son parlement de Provence les intérêts de Morély-Brécourt, qui avait un procès à Aix, et qui était son oncle, son bienfaiteur, chez lequel il logeait à Paris (rue Simon-le-Franc) ; il l'entretient ensuite de leur ami commun, M. de Valois, « docte, judicieux et de bon esprit, » et de leur passion commune pour les monnaies antiques. Il annonce à son correspondant qu'il a l'intention de publier deux volumes in-folio sur la numismatique, et il parle de son programme et de ses espérances avec un bouillant enthousiasme. La seconde lettre (28 avril 1633) roule presque entièrement sur le procès de M. de Morely, que Tristan appelle son *second père*, et, si elle n'est pas d'un vif intérêt quant au fond, elle plaira par sa forme, car elle est fort bien tournée, et l'on y trouve plus d'un trait spirituel, comme celui, par exemple, que le solliciteur dirige contre une dame qui favorise la partie adverse et qui « y apporte tous les artifices dont son sexe a accoutumé de se servir pour parvenir, à tort ou à raison, à ce qu'il entreprend. » Les artifices si redoutables de celle que Tristan compare à une sirène et à d'autres personnages mythologiques moins poétiques amenèrent-ils la perte du procès ? Ou le bon droit n'était-il pas du côté

de M. de Morely, malgré les déclarations redou-
blées de Tristan? Quoi qu'il en soit, jamais plai-
deur mécontent n'a plus librement usé du droit de
maudire ses juges. C'est avec toute la vivacité
qu'il devait apporter dans ses diverses luttes
avec Angeloni, avec J.-J. Chifflet, avec Gaspard
Gevaerts, avec le P. Sirmond, que le neveu du
vaincu proteste, dans sa lettre du 21 juillet 1633,
contre l'injustice de l'arrêt du parlement d'Aix.
Heureusement que la numismatique a des douceurs
nonpareilles pour dédommager ses fidèles des
ennuis qu'ils éprouvent ! Tristan compare les con-
solations que lui donnent les médailles au bienfai-
sant népenthès chanté par le vieil Homère. Le
reste de la correspondance est consacré à des
questions d'érudition, aux travaux et aux projets
du numismatiste, à l'éloge sans cesse recommencé
de Peiresc. Toute la correspondance reflète les
bons sentiments de Tristan, et l'on peut dire qu'il
ne faisait rien à demi, et qu'autant il était terrible
pour ses adversaires, autant il mettait de généreuse ardeur dans sa reconnaissance et dans son
amitié[1].

1. A propos d'amitié, rappelons que Michel de Marolles
était lié avec notre homme dont il classe le cabinet parmi
les plus célèbres de Paris (*Mémoires*, édition de 1755, Amster-
dam, t. III, p. 216). Voici l'éloge que l'abbé de Villeloin
donne (*Ibid.*) au collectionneur, son confrère : « Jean Tristan, sieur de Saint-Amant et du Puy-d'Amour, l'un des
plus savans hommes qui fut jamais dans la connoissance des
Médailles et des Antiques, comme il en a donné des marques

C'est un grand plaisir pour moi de déclarer que je dois à mon excellent confrère M. Anatole Chabouillet un certain nombre de notes explicatives que j'étais trop profane pour songer à écrire, et que je ne pouvais demander à un plus aimable et plus savant spécialiste.

bien assurées dans les trois volumes de ses illustres Commentaires historiques. »

I.

A Monsieur, Monsieur de Peiresc, conseiller du Roy en son parlement de Provence, à Aix [1].

Monsieur,

Si je n'avois cognoissance jusques à quel poinct vous estes genereux, et combien vous passez le commun des hommes en courtoysie, je me donnerois bien de garde de vous adresser si loing les marques de mon effronterie; mais estre effronté à vous invoquer, dans les rencontres des afferes, qui doiuent estre jetées dans la balance de l'équité par vous, et qui ont besoing de vostre protection; c'est vous obliger; puisque ceste liberté sollicite vostre vertu pour le soustien et manutention de la justice, de la pureté et intégrité de laquelle vous avez tousjours esté autant jaloux, comme charitable envers vos cliens; car j'appelle vos cliens toutz ceulx qui bien fondez en ce qu'ilz pour-

1. Bibliothèque nationale. Fonds français, volume 9536, fol. 132. Autographe.

suivent en justice, sont tousjours receus soubz vostre protection. Or le *s* *de Morely, mon oncle*[1], devant estre de ce nombre, comme *M* *de Puré*[2], present porteur, vous le fera voir, j'ay estimé qu'estant son nepveu, et de plus son hoste, j'avois interest de prendre la hardiesse de vous escrire en sa faveur, ayant l'honneur d'estre de si ancienne datte vostre serviteur[3], jusqu'au poinct extreme (qui est celuy où vostre vertu singulière et rare scauoir, m'ont de longue main obligé de l'estre) que je ne puis me persuader que vous la preniez à son importunité, quand d'ailleurs vous aurez pris cognoissance par ledict de Puré, de la qualité de ceste affere en laquelle mon oncle est interessé; mais cecy n'est pas le seul subject de la presente; il y a longtemps que je n'ay pas l'esprit en repos de voir que je suis celuy de toutz les hommes auquel vous pensiez le moings, et que tout ce que j'avois tasché autresfois de vous fere voir d'inclinacion par mon extérieur pour vous honnorer parfaictement, s'estoyt passé

---

1. Tout ce qui est souligné en cette lettre, comme dans les lettres suivantes, a été souligné par Peiresc, lequel avait l'habitude de marquer ainsi les passages les plus dignes d'attention des lettres qu'il recevait.

2. Il est question de ce gentilhomme dans la réponse de Peiresc, datée du 13 mars 1633, et dans une autre lettre du 9 juillet de la même année, où ledit gentilhomme est appelé *de Puré-Cottenville.*

3. Nous avons vu (*Avertissement*) que les deux archéologues se connaissaient depuis une douzaine d'années (1620).

comme l'ombre d'un songe [1], de vostre pensee, par le malheur des distractions continuelles que j'ay eues depuis quelzques années à la suitte de la cour, dont je me suis à present affranchy [2], et des frequentes allées et demeures en mes maisons des champs par intervalles ; qui m'ont privé de la douceur de vostre entretien par lettres. Voicy donc, qu'usant de la liberté que vous accordez à toutz voz amis, je vous renouvelle icy les ceremonies des vœux que je doibs à vostre merite, vous protestant que vous estes en telle vénération chez mon genie qui adore le vostre, que je n'ay point un plus gracieux entretien que celuy que le renouvellement de ma pensée en vostre faveeur me fournit à présent, de sorte qu'il ne me seroyt pas aysé de vous exprimer *la joye que j'ay de m'entretenir de vous auec voz amis de deça*, au nombre desquelz je *prends une singulière consolation de voir mons* de Valois, mon intime amy*, auoir *trouvé quelque place* par son mérite, comme par vostre générosité, de laquelle veritablement il est bien digne ; car *il est docte*, judicieux et de bon esprit. Il m'a communiqué vostre derniere pour raison de l'inscription de la med[aille] d'Antonin ABΩ-

---

1. Ceci est renouvelé des Grecs. N'est-ce pas Pindare qui, usant le premier, avec une heureuse hardiesse, d'une figure que l'on devait si souvent répéter, a comparé la vie de l'homme à *l'ombre d'un songe ?*

2. Les biographes ont rappelé que Tristan ne paraissait à la cour que lorsque ses fonctions de gentilhomme ordinaire de la chambre du roi l'y appelaient.

ΝΟΤΕΙΧΙΤΩΝ ΓΛΑΥΚΩΝ sur le subject de laquelle nous nous estions entretenuz ensemble, *estantz toutz deux d'aduis d'y lire* ΓΛΥΚΩΝ *y ayant apparence qu'Occo*[1] *et Goltzius*[2] *n'avoient veu ceste med[aille] qu'en peincture*, n'ayant pas esté bien leue par celuy qui la representa; *voz med[ailles] pourront en authoriser la* conjecture auec le dialogue de Lucian; il se voyt dans l'Occo et autres antiquaires plusieurs inscriptions de med[ailles] qui ont bon besoing d'un bon medecin, ou plustost Apollon comme vous pour les restituer, ou *par la conférence des med[ailles] dont vous avez un million*[3], *ou par conjecture*, j'aurois bien assez de

1. Adolphe Occo, né à Augsbourg en 1524, mort en 1604, est l'auteur des *Imperatorum Romanorum numismata* (Anvers, 1579, in-4°). Peiresc s'était lié avec Occo au moment où ce médecin allait donner la seconde édition de son grand ouvrage (Augsbourg, 1601, in-4°). Voir Gassendi, *Lib. I*, p. 45, à l'année 1600.

2. Hubert Goltzius, né à Venloo en 1526, mort à Bruges en 1583, laissa, entre autres ouvrages de numismatique, les *Vitæ et vivæ omnium fere imperatorum imagines, ex antiquis numismatibus adumbratæ* (Anvers, 1557, in-fol.). La lecture des ouvrages de Goltzius excita l'amour naissant du jeune Peiresc pour la science des monnaies antiques. Voir Gassendi, *Lib. I*, p. 24, à l'année 1598. Sur les erreurs de Goltzius signalées par Peiresc à Casaubon, voir encore Gassendi, *Lib. II*, p. 111, à l'année 1605.

3. Certes le cabinet de Peiresc était bien riche, mais il est inutile de faire observer que le mot un *million* constitue une immense exagération. Rappelons, du reste, que la belle collection de monnaies formée par Peiresc fut pillée par un de ses domestiques en 1608, et que cet accident, dont il est si souvent fait mention dans la correspondance de la victime,

courage pour l'entreprendre à vostre default, ce travail estant de trop peu d'importance pour meriter vostre soing et vostre employ, mais *il me fauldroit un grand nombre de medailles qui me manquent, ou des jectz* [1] *d'icelles,* estant mesme comme engaigé à cet entreprise, *suivant le desseing, que quelzques ungs de mes amis de deça m'ont faict auoir depuis 2 mois d'escrire quelque chose dessuz les med*[ailles] pour illustrer l'histoire à mon possible ; et vous diray qu'il ne tiendra pas à moy, que la pluspart des médailles plus rares, et plus extraordinaires rapportées par les nummographes [2] qui m'ont precedé, n'ayent quelque atteinte de mon petit sentiment. Mais il ne faut pas l'entreprendre sur le rapport d'autruy, mais s'il est possible sur la veue des med[ailles] mesmes ou de leurs jects, *j'en ay desja deschifré et expli-*

---

diminua singulièrement l'importance de cette collection. Ce furent surtout des médailles d'or des premiers empereurs qui furent volées à Peiresc. Dès l'année 1602, ce fervent collectionneur avait réuni, pendant son voyage en Italie, plus de mille pièces inconnues à tous les auteurs qui ont écrit sur la numismatique. Voir Gassendi, *Lib. I*, p. 73.

1. Tristan appelle *jets* ce que nous appelons *empreintes*.

2. On ne trouve *nummographe* ni dans le *Dictionnaire* de Richelet ni dans le *Dictionnaire* de Trévoux. Ces deux recueils donnent le mot *numismatographie*. Le *Dictionnaire* de Littré ajoute *numismatographe* à *numismatographie*. L'Académie française, dans la dernière édition de son *Dictionnaire* (1878), admet *numismatographie*, mais n'admet ni *numismatographe*, ni même *numismatiste*, mot que, selon la remarque de Littré, les savants qui s'occupent des médailles antiques préfèrent, depuis quelque temps, au mot *numismate*.

qué assez bon nombre, mais ce n'est pas assez pour mon courage. Si je rencontrois dans vostre courtoysie une disposition généreuse de m'y adsister, peut-estre que le *public en verroit quelque chose dans un an au plus tard,* qui ne seroit pas tout à fait indigne d'estre leu ; *mon intention estant d'en fere 2 volumes in-folio, que je publierois* l'un apres l'autre. Cependant faictes moy l'honneur de m'estimer estre tellement vostre que j'oublieray plus tost mon propre nom, que le souvenir que je doibs estre, pour vostre excelente vertu et doctrine singuliere inviolable toute ma vie,

Monsieur,

Vostre tres humble et obeissant serviteur,

TRISTAN DE SAINT-AMANT.

A Paris, ce 18ᵉ febʳ 1633.

II[1].

Monsieur,

Je scay bien que je ne puis vous importuner sans crime, occupé que vous estes continuellement dans des employs tres serieux et tres utiles, mes lettres ne pouuantz vous servir que d'un ennuyeux entretien. Et neanmoings je ne scay par quel génie je suis poussé, qui m'en donne la liberté, que je ne puis m'en deffendre. Je doibs toutesfoys estimer qu'il est amy du vostre plus fort et plus genereux, puisqu'il m'assujectit telle-

1. *Ibid.,* fol. 130. Autographe. Même adresse.

ment à ses loix qu'il m'oblige si souvent à vous tesmoigner, mesme avec indiscrétion et aux despendz du respect que je vous doibs, les inconvenientz frequentz et inutilz que l'inclination que j'ay à vous honnorer, produisent continuellement. Pardonnez donc, s'il vous plaist, à ceste force externe qui est pardessuz moy, et qui me violente par la douceur des charmes de vostre pensée, car penser à vous est jouyr de la beatitude. Que vous diray-je de plus? Ce bon demon amy du vostre est, comme je voy, celuy de la justice, car me sentant plain de plusieurs vœux que j'ay à presenter de nouveau devant son autel, il m'ordonne de vous invoquer premierement comme estant son plus excellent et plus diuin ministre; et assesseur plus incorruptible, se servant de l'amour parfaict que je porte à vostre vertu et à vostre rare doctrine pour porter avec plus de hardiesse les prieres importunes qu'il a à vous faire en faveur du bon droit que *le sieur de Morely-Brecourt, mon oncle et second pere, a, en une affaire* qu'il poursuit en commun auec plusieurs personnes de qualité eminente dont la pluspart sont ses alliés *contre ung nommé Laulary, tuteur oneraire du petit de Bouteville,* qui se promet de leurs faire perdre des grandes sommes qui leurs sont tres legitimement deues. Il se peut faire, Monsieur, que vous en aurez desja esté entretenu par plusieurs intéressés. C'est pourquoy je n'abuseray pas plus advant de vostre patience, remettant au zele incomparable que vous avez tousjours eu pour la manutention de la justice et de l'équité, le surplus des paroles que j'y pourrois employer. Seulement j'adjousteray que la dame de Bouteville y apporte, pour ruiner l'interest des creanciers, toutz les artifices dont son sexe a accoustumé de se servir pour parvenir à tort ou à droict à ce qu'il entreprend; et ce de longuement. Mais, Monsieur, vostre vertu et insigne prudence ont bien accoustumé d'escarter de telles sirenes, sphynges[1] et lamies; c'est pourquoy nous espérons que la justice sera retenue ferme sur son cube par vostre authorité et vostre protection; et qu'ung arrest juste et equitable nous obligera toutz tant en général qu'en particulier, d'en cognoistre vous debvoir la conservacion de nos interestz et moy, sur toutz qui, sans auoir part à ces sommes legitimement deues, me sentz neanmoings tenu par toutes sortes de respects[2] d'en procurer la conseruation par votre assistance, j'en demeureray tant que je vivray,

Monsieur,

Vostre tres humble, tres obligé et obeissant serviteur,

TRISTAN DE SAINT-AMANT.

De vostre maison[3], où je me rencontre à présent pour ung mois seulement, ce 28 apvril.

1. Pour sphinx.
2. Considérations.
3. C'est-à-dire de la maison que j'occupe et que je vous

2

III [1].

Monsieur,

Si j'eusse peu deviner que des legeres conjectures deussent passer pour loix en vostre parlement et que les ombres d'une imaginaire intention d'avoir voulu substituer les biens en question deussent estre estimez valoir des contractz bien clauzez et bien conditionnez, je n'eusse jamais presumé si fort de l'honneur de vostre antienne bienveillance, que de me promettre que mes prieres peussent tenir lieu en vostre memoire pour vous souvenir que toutz les plus habiles et mieux sensez advocatz de France ne trouvoient aucune apparence de pretendre une substitution; car je sçavois bien que les hommes de vostre pays sont naturellement fort jaloux de leurs opinions, et de leurs routines qui y passent pour solennelles constitutions et pour arrests [2]. Mais je ne me pouvois pas persuader, nomplus que mon oncle, avec toutz les interessez personnages, de sens, suffisances, et qualitez eminentes, qu'il se peut trouver des motifz en ceste affere qui leur peut faire perdre trois ou quatre cens mille francs prestez si legitimement et si loyalement deuz, et comment l'on pouvoit avec justice et equité donner à

donne, que je vous prie de regarder comme la vôtre. Voir sur cette formule le fascicule X des *Correspondants de Peiresc*, 1885, p. 5, note 1.

1. *Ibidem*, fol. 131. Autographe. Même adresse.
2. Une telle ironie ne frise-t-elle pas l'impertinence ?

une personne, les biens des autres anciennes familles sans en avoir des tiltres d'exclusion formels et indisputables. Mais quoy, les affaires des communautez portent ordinairement en crouppe ces revers extraordinaires, ou pour n'estre pas bien desfendues ou pour n'estre pas bien soubtenues faulte d'intelligences et de recherches de faveurs; vous me trouverez icy un peu libre, mais ceste liberté est excusable, puisqu'elle me couste le regret de voir perdre vingt mille francs à celuy de toutz mes proches que je dois honnorer le plus. Et puis elle s'adresse à vous, Monsieur, qui peut-estre avez du desplaisir à present de voir que des conjéctures seules ayent esté tellement fortifiées par les artifices, prieres et recommandation signalées venues de toutes partz pour les rendre invincibles, qu'elles ayent faict tourner la balance en nostre perte. Mais laissons le surplus à Dieu, et parlons de quelque chose de plus récréatif, qui face en moy l'effect du gracieux et secourable Nepenthé d'Homere, puisque d'ailleurs vous n'estiez que l'un des juges, et que je vous ay tousjours remarqué pour estre plein d'intégrité, équité, comme de suffisance. La première remarque, qu'il vous plaist me faire dans [votre] lettre, sur mes importunes questions, est que vous ne pouvez estimer qu'il y ait deu avoir en la med[aille] de Goltzius ΤΙΦΟΥΛΕΩΝ veue, ce dictes vous, la liberté d'y avoir joinct l'image de Livia auec celle d'Auguste, que vous trouvez bien esloignée de ce lieu. A quoy, Monsieur, je vous respondray, que si il n'y avoit que ceste difficulté je n'en ferois pas doubte, car en ceste med[aille] la teste d'Aug[uste] seule y est reputée auec l'inscr[iption] de ΣΕΒΑΣΤΟΣ, comme vous le pouvez voir dans ledict Goltzius et dans l'Occo mesme, si vous daignez prendre la peine de les consulter. Restera à moy de vous servir un jour de raisons suffisamment passables pour n'estre pas trouvées trop temeraires; quant à celle de Neron, bien que j'en aye vëues auec Octavia, il ne m'est pas toutesfois arrivé d'en avoir rencontré avec l'inscr[iption] de Urino VOLVMNIO[1]. Que si le génie favorable de l'antiquité vous en faict rencontrer une dans vostre incomparable amas[2], je ne vous demande que la facilité de vous disposer de m'en vouloir envoyer l'inscription seule, de peur qu'une plus libre requeste ne vous importunast. Pour le regard de la med[aille] d'Hadrien avec l'insc[ription] ΒΟΡΥΣΘΕΝΗΣ, je ne l'ay jamais vëue, seulement j'en voy faire le rapport par Occo. Quant à Scaliger, que vous me cottez en faire mention sur l'Eusebe nombre MDCXVIII, je n'en trouve rien, mais bien sur le nombre MCCCLXXII, il en parle en qualité et de ville et de fleuve, et sans citer ceste medaille, dans le revers de laquelle ce cheval mentionné semble estre le cheval d'Ha-

---

1. Cette médaille doit être une pièce coloniale mal lue, à moins qu'elle ne soit inventée.

2. *Amas* est pris pour collection.

drian, nommé Borysthenes [1], que vous voyez auoir esté honnoré par luy d'un gentil epigr[amme] pour epitaphe ; qui se trouve « inter vetera epigrammata [2], » comme vous le sçavez mieux que moy, commencer ainsi : « Borysthenes Alanus, cæsareus veredus, etc., » que si j'en puis recouurer ou l'original, ou l'emprainte, je vous l'enuoyeray de toute asseurance, bien que j'aye barbouillé quelque chose sur son subject, sur la foy du rapport d'Occo. A la charge que vous oublierez, s'il vous plaist, de me remercier de peu de chose cy après, comme vous avez daigné faire pour ceste petite med[aille] de cuivre mentionnée au bas de vostre lettre, qui me sert plustost de reproche que d'un remerciement, estant plus honteux que je ne vous le puis exprimer, de me voir si despourveu de tout ce qui vous pourroit servir en vostre superbe et glorieux desseing dont la pensée seule me comble d'une

1. Voir, dans l'ouvrage déjà cité de Gassendi, ce que ce biographe raconte, sous l'année 1629 (livre IV, p. 331), de l'épitaphe gravée sur une table de marbre qui fut trouvée sur le territoire d'Apt, transportée chez Peiresc et communiquée par lui à tous les savants de sa connaissance.

2. Tristan a voulu parler du recueil d'anciens poèmes publié par Pierre Pithou (*Epigrammata et poematia vetera*, etc. Paris, 1590, in-12), où le savant éditeur entreprit de restituer la fin de cette inscription, reconnue fausse aujourd'hui. Voir les détails donnés, autour des lignes restituées par Pithou, dans l'ouvrage de Gassendi (p. 331-332), détails qui s'étendent aux travaux de Casaubon et de Saumaise sur ce sujet. Le texte entier de l'inscription a été reproduit par Gassendi (p. 331).

joye incroyable dans l'esperance que j'ay de remplir quelquefois mon Ovide de tant de remarques et observacions singulières que j'ignorerois et l'Europe avec, sans vous, qui sur toutz les hommes sçavants estes le plus capable d'en bien-heurer le public par un trauail digne de louange immortelle [1], vous asseurant que la soif des curieux de deçà qui attendent cest ouurage est telle que vous faictes fort bien de tascher tousjours d'augmenter le nombre de vos vases, car à peine ce que v. us en aurez pourroit-il suffire pour l'estancher. Que si j'estoys si abondant en tout qu'est ce seigneur Angeloni, à ce que je voy, plus renommé en particularité qu'en courtoysie [2], je vous ferois bien voir que les François sont plus genereux que les Italiens; car je serois bien asseuré que vous en serviriez bien mieux et plus utilement que moy le public, car vous dire quelque chose de ma confession générale, sçachez que je doibs donner ung gros bouquin de mes resveries aux curieux l'année prochaine, mais que ce sera

1. Toutes ces belles louanges s'appliquent au grand travail de Peiresc sur les poids et mesures de l'antiquité, travail dont il s'occupa toute sa vie. Les matériaux de l'ouvrage projeté sont en grande partie conservés dans le registre V de la collection Peiresc, à la bibliothèque de Carpentras.

2. On voit que dès 1633 Tristan était peu favorable à son futur adversaire. Millin, dans l'article *Angeloni* de la *Biographie universelle*, n'a rien dit de cette dispute d'Angeloni et de Tristan, qui aurait été si fort désapprouvée par Peiresc, lequel recommandait toujours aux savants de ne combattre qu'avec des armes courtoises.

toutesfois à condition que je ne me trouve point prevenu ez principales pieces expliquées par des curieux plus intelligentz que je ne suis, qui suis le fils aisné de l'ignorance, et vous diray qu'outre ledit seigneur Angeloni, nous avons icy un pere minime[1] qui faict quelques observations (?) sur quinze cens med[ailles] d'argent, que le sieur Collobert, curieux[2], a faict graver, et ce à l'imitation du discours faict par Joannes Hemelarius[3] sur les med[ailles] d'or du duc d'Arscot. Toutesfoys je ne croy pas que nous nous rencontrions souvent en nos imaginations ; il est ce que je serois content qu'il me donnast subject, et les autres, de retrancher quelque chose de mes escritures, car j'ay un courage et un desseing trop vastes. Cepen-

1. Je ne saurais dire quel était ce père minime.

2. Collobert ne figure pas dans le *Dictionnaire des amateurs français du XVIIIe siècle* (Paris, 1884, in-8°). C'est l'occasion de rappeler que l'on trouve dans l'ouvrage de M. Edmond Bonnaffé une petite notice (p. 313) sur Tristan et sur son cabinet, « un des plus riches que l'on ait vus jusqu'alors. » M. Bonnaffé cite, sur le collectionneur et la collection Baudelot, Charles Patin, Peiresc, Sauval, etc.

3. Jean de Hemelaer, né à La Haye en 1580, mort en 1655 à Anvers, où il avait obtenu un canonicat en 1607, publia dans cette ville, en 1615, l'inventaire des plus précieuses médailles du cabinet du duc d'Arscnot : *Imperatorum romanorum a Julio Cesare ad Heraclium usque, numismata aurea,* etc. Voir sur ce recueil les curieuses observations de M. Ch. Ruelens, conservateur des manuscrits de la bibliothèque de Bruxelles (*les Amis de Rubens, Nicolas Rockox,* Anvers, 1883, in-8°, p. 19-22). Dans sa brochure, M. Ruelens donne (p. 29, note 2) diverses indications bonnes à recueillir pour la biographie d'Hubert Goltzius, dont ni la vie, ni les ouvrages, remarque-t-il, n'ont encore été l'objet d'une étude complète.

dant honnorez moy, s'il vous plaist, de marques de vostre souvenir que vous me faictes l'honneur de me promettre et de me conserver la qualité,

Monsieur,

De vostre tres humble et obeissant serviteur,

TRISTAN DE SAINT-AMANT.

M. de Valois est fort consolé de ce que vous avez pris la peine de me faire (?) mander au bas de ma lettre et vous baise les mains en toute humilité.

A Paris, ce 21° juillet [1].

IV [2].

Monsieur,

La response qu'il vous a pleu faire à celle que j'avois pris la liberté de vous escrire me faict bien cognoistre que la courtoisie reside sur vostre plume plus diserte, comme Eupolis disoit que Pytho, déesse de persuasion, faisoit sur les levres de Pericle [3] ; ce qui me faict estimer bien malheureux d'avoir esté si longtemps privé de ce flux doux coulant de vos faveurs, car ce qui est

1. Peiresc a inscrit de sa propre main la date de la lettre sur l'adresse : 21 *juillet* 1637.

2. *Ibid.*, fol. 133. Autographe. Même adresse.

3. Voici le fragment où l'auteur de la comédie des *Dêmes* a retracé l'admirable portrait de Périclès orateur : « C'était de tous les hommes le plus puissant par l'éloquence, lorsqu'il montait à la tribune, et que, comme un vaillant coureur, il devançait de dix pas les autres orateurs. Mais, outre cette rapidité d'allure, il avait sur les lèvres je ne sais quelle persuasion, tant il était habile charmeur, et, seul parmi tous les orateurs, savait laisser l'aiguillon dans l'âme des auditeurs. »

demeuré sterile en moy par le divertissement [1]
des gracieuses influences de ceste rouzée, eust
sans doubte fructifié en faveur des recognois-
sances que je vous debvois de l'antiquité, car
vostre entretien, vostre communiquation et voz
adsistances eussent animé ma foiblesse pour tascher à repartir dignement à voz courtoisies, et
faict evertuer le peu de suffisance qui se rencon-
troit en moy, pour entreprendre dez lors ce que
la fortune et la volonté de mes amys curieux
m'ordonnent à présent de faire, l'une par le loy-
sir qu'elle m'offre, m'ayant deschargé par le rem-
boursement de quelzques offices à la mode du
temps, et l'autre par le pouvoir absolu que ces
mess^{rs} ont sur mes affections qu'ilz leur font
prendre telle forme qu'il leur plaist aux despendz
mesme de ma reputation, veu que le peu d'usage
que j'ay des choses de l'antiquité, et peu d'intelli-
gence que cinq ou six ans de distraction de ceste
sorte d'entretien me peuvent en avoir laissé, si
j'en ay eu autresfoys. Joinct que la *Curiosité de
Monsieur, frere unique de Sa Majesté*[2] estant sur-
venue au milieu de ma course, tout ce qu'il y
avoit de singulier dans le champ où j'avois
accoustumé de moyssonner ou au moins de gla-
ner; ayant ordre de l'attendre, il me prit soudain

1. *Divertissement,* perte, détournement, comme plus bas le
mot *distraction.*

2. On sait que Gaston de France fut un des plus grands
curieux du xviie siècle, et que Tristan fut au nombre de ses
protégés et de ses familiers.

un si grand froid au plus fort de mon ardeur que toutz mes mouvementz de curiosité s'en hebeterent et demeurerent endormis jusques à présent que les considerations susdictes les ont resuscitez, *bien que mondict sieur eust herité de mon cabinet par ses poursuites* et plus invincibles persuasions[1]. Ce qui a aydé à me faire penser à cela a esté *la lecture des bons autheurs de toutes qualitez dans ma retraicte à ma maison des champs*, où ayant porté les jectz de quelzques med[ailles] singulieres, j'admiray le tort que les souverains critiques de ces deux siecles passez et de cetuy-cy s'estoyent faict d'avoir négligé ceste curiosité qui servoit de clef à ung tres grand nombre de passages non entenduz jusques à présent, et soudain le courage me sollicita de tascher d'en dire mon opinion; me laissant vaincre à mes intimes pour en hazarder l'entreprise à présent que je suis libre, Πόρρω Διός τε καὶ κεραυνοῦ (loing de Jupin et de sa fouldre) tantost picard[2]; tantost parisien, mais à présent plus le dernier que le premier, *par la compagnie que je doibs à mon oncle, antien, veuf et sans enfans, tres homme de bien*, et auquel je suis obligé.

Cependant je m'embarque sans biscuit, peu adsisté des qualités requises pour bien esperer

1. Savait-on que le cabinet de Tristan alla s'engloutir dans la riche collection du frère de Louis XIII ?

2. Nous avons déjà vu (*Avertissement*) que la famille Tristan était originaire de Maignelay. C'est là que devait être la maison des champs où notre antiquaire allait si souvent.

de la fin de mon dessein, et encore moings des medailles. Toutesfois le dé en est jetté, en suppleant ce qui me manque par les jects que je pratique de deça, et par les livres imprimez, esquelz se trouvent un grand nombre de med[ailles] rares non expliquées, voire mesme qui sont tellement demeurées vierges qu'elles n'ont esté ny tastées, ny receu le moindre attouchement. Mon desseing est de donner *5 ou 6 lignes de vies abbregees aux emp[ereurs], imperatrices et tyrans de l'empire, jusques à Theodose*, ou environ, sur lesquelles j'adjousteray ensuite quelques considerations assez amples et curieuses concernant leurs actions moings cognues, et plus, je doibs expliquer *lesdictes med[ailles] tant latines que grecques* (ou tascher de le faire) qui pourront le plus servir à l'illustration *de l'histoire et de l'antiquité*, intitulant le tout en tiltre principal *Commentaires historiques*. Vous admirerez mon effronterie si j'ose vous importuner *des jectz* en plomb ou autres *des med[ailles] grecques* principalement que vous sçavez meriter que le public voye, particulierement *des empereurs*, dont il s'en voit moings. Mais vous me trouverez encore plus téméraire d'oser vous ennuyer, et le public, de mes imaginations. Mais quoy? Je vous honnore tellement que je veux pouvoir m'acquiter de tant d'obligation que je vous ay ; que ces malotruz commentaires servent de feuille à vostre diamant, au moings à ces beaux vases que vous rendrez si divins par les reliefs excellents que vos Muses avec les Graces leur feront, qu'il n'appartiendra qu'à l'Æternité suyvie d'une Hebé tousjours florissante et jeune d'en servir les dieux. Hâ ! que je suis malheureux que je n'ay sceu vostre desseing plus tost, que n'eussay-je point faict pour advancer vos rencontres. Mais quoy vous estes si secret, et si modeste que vous n'en faictes pas seulement semblant dans vostre lettre nomplus que si j'estoys celuy de toutz les hommes qui vous honnorast le moings. Vous, Monsieur, qui scauez qu'il n'y a que le seul langage des anges, qui est le silence, qui peust exprimer en quelque façon l'amour que je porte à vostre reputation, et le respect que je tesmoigne partout porter à vostre grand scauoir, exacte cognoissance de toutes choses, et vertu plus singuliere ; mais quoy l'univers entier travaille pour vous faire voir ce qu'il y a de plus rare dans ses thresors pour en voir l'antiquité illustrée par vostre docte plume. Qu'y pourroys-je apporter, sinon autant qu'un fourmy[1] apporte de provision en un voyage ? Et qu'ainsi ne soyt vous verrez ma miette de fourmy, par l'envoy que Monsieur le R. prieur de Roumoule[2]

---

1. Dans l'ancienne langue, *fourmi* était généralement du masculin, et Montaigne, dans ses *Essais*, a parlé d'*un fourmi*. Plus tard, *fourmi* fut des deux genres.

2. Le prieur de Roumoules (aujourd'hui commune du département des Basses-Alpes, arrondissement de Digne, canton de Riez) s'appelait Denis Guillemin. Correspondant et ami de Peiresc, il était son chargé d'affaires, s'occupant surtout dans ses voyages de satisfaire la noble avidité du

a voulu vous faire de ma part qui est une miserable *petite medaille* qui en l'un et l'autre de ses types vous représente un vase, l'un frumentaire, et l'autre peut estre binaire. Pardonnez donc à ma simplicité, si elle ose consentir que vous voyiez si peu de chose. Et croyez, s'il vous plaist, que je me sens tellement obligé à vostre générosité ez temoignages qu'il vous a pleu nous donner à *Monsieur de Puré Cottinville* de bouche, et à moy par vostre incomparable courtoyse lettre, et quand j'auroys couru pour vous servir autant de mers et de terre qu'ont faict Drach (Drake), Colomb, Véspuce et les autres, je ne serois pas encore satisfaict en ce que j'estime vous debvoir, demeurant tousjours dans mon impuissance de cœur et d'affection plus que toutz les hommes ensemble,

Monsieur,

Vostre tres humble et tres obeissant serviteur,

TRISTAN DE SAINT-AMANT.

Monsieur,

Occo, p. 84, *in Augusto*, rapporte l'insc[ription] du revers d'une méd[aille] grecque d'Auguste en ce mot ΤΙΦΟΥΛΕΩΝ. Obligez moy, si vous en avez une d'aventure, de voir si il n'y faut point lire ΤΡΙΦΟΥΛΕΩΝ. Occo la doibt, comme je croys, à Goltzius *in Augusto*, mais Goltzius peut ne l'avoir pas veue assez nette pour la bien lire.

Le mesme Occo rapporte *In Nerone*, p. 118,

collectionneur de livres, de manuscrits, d'objets d'art, etc. Voir sur D. Guillemin le X⁰ fascicule déjà cité des *Correspondants de Peiresc*, p. 8, note 6.

2º med[aille], ceste inscr[iption] : NERO CLAVD
CAES. AVG. IMP. VRINO *VOLVMNIO*.

J'ay quelque opinion qu'il y faille lire *VRANO*.
S'il se rencontre que vous ayez ceste med[aille]
ou bien que vous l'ayez veue, obligez moy pareil-
lement de m'en mander la verité.

Ce 30º mars 1633 [1].

V [2].

Monsieur,

S'il y a du crime de faire perdre du temps à
ceux qui le sacrifient entièrement pour le public,
la courtoysie de M. Gaillard [3], à laquelle je doibs

1. A la suite de cette lettre, on trouve deux petits billets
de Tristan à Peiresc, qui ne sont pas datés, mais qui doivent
être rattachés à ladite lettre. Dans l'un, il s'agit d'une com-
mission donnée à Tristan par de Valois (un message à trans-
mettre à Peiresc). L'autre, moins insignifiant, est ainsi
conçu : « Monsieur, j'ay esté adverty qu'il y a un brave
homme des domestiques de Sa Sainteté qui s'appelle, ce me
semble, le seigneur Angelone, qui travaille sur le subject
des médailles. J'ay subject de desirer scavoir si son dessein
ne se rencontre point avec le mien, ou plutost le mien avec
le sien. Je ne doubte point qu'il n'ayt l'honneur d'estre
vostre amy. Obligez-moy, s'il vous plaist, de me mander si
je puis *inoffenso pede* suyvre ses vestiges. » Le *brave homme*
dont parlait ici Tristan était ce même Francesco Angeloni
dont il devait si amèrement critiquer le travail sur les
médailles des empereurs romains, travail qui parut à Rome
(1641, in-fol.), et dont une édition, fort augmentée et fort
améliorée, fut donnée en 1685 par les soins de G.-P. Bellori,
neveu de l'auteur (Rome, in-fol.). Angeloni ne fut pas,
comme le croyait Tristan, un des domestiques du pape, mais
le secrétaire du cardinal Aldobrandini (Hippolyte).

2. *Ibidem*, fol. 135. Autographe. Même adresse.

3. J'ai sous les yeux une lettre adressée par Peiresc, d'Aix,

beaucoup, en est coulpable, car elle m'a obligé de vous renouveller ces anciens entretiens qui vous ont tant de fois ennuyé. Mais toutesfois il ne peut estre criminel que la vertu ne le soyt aussi, qui a esté sa guide; et qui a produit en luy une si genereuse faveur pour moy que de m'avoir donné subject de vous offrir de nouveau les vœux de mon ancien zele, lequel aussi bien qu'eux est demeuré tousjours depuis ma derniere en langueur, pour n'avoir esté rehaussé par quelque occasion de vous pouvoir rendre service. Je me promets toutesfois de vostre courtoysie qu'il en obtiendra facilement l'absolution, et moy l'asseurance que ce fascheux divertissement dans voz plus dignes et plus utiles occupations publiques

le 13 février 1635, « à Monsieur Gaillard, advocat au parlement de Provence, à Paris. » Feu M. Ch. Giraud (de l'Institut) nous le présente ainsi : « Célèbre avocat au parlement de Provence, honoré de l'amitié de Fabrot et de Peiresc; ce dernier surtout l'employait avec fruit pour ses commissions littéraires... Il fut syndic de la noblesse et assesseur d'Aix. Il mourut en 1695, âgé de quatre-vingt-deux ans. On a de lui plusieurs ouvrages, notamment des *Remontrances de la noblesse au roi* (Aix, 1669, in-fol.), livre important pour la Provence. » Ajoutons que l'avocat Gaillard était le frère du célèbre prédicateur, le P. Honoré Gaillard, dont Mme de Sévigné parle si souvent et avec tant d'éloges. Mme de Sévigné appréciait aussi le talent de l'avocat; elle a dit notamment de lui (lettre du 29 décembre 1688) : « Je suis flattée de la pensée d'avoir ma place dans une si bonne tête; je ne saurais oublier ces regards si pleins de feu et d'esprit. » L'aimable marquise revient encore (lettre du 12 janvier 1689) sur le *mérite* et sur les *regards perçants* de Gaillard. Heureux avocat auquel les lettres de Peiresc et celles de Mme de Sévigné rendront témoignage jusqu'à la fin des temps !

et particulieres ne sera mis qu'au nombre des pechez veniels de vostre serviteur aupres de vous; lesquelz pour ne convertir en mortels, imposeront ici la loy à ma plume de se contenter de ce leger compliment, joinct que celle de la discretion me deffend de ne donner rien de plus pesant audict sieur, qui a un si grand voyage à faire [1]. D'ailleurs je scay bien que vous avez assez de bonté pour m'obliger de croire que ce que le silence vous exprimera de la verité de mon affection plus sincere pour vostre service, sera tousjours trouvé en moy plus extreme que toutes les meilleures paroles que pourroit employer pour l'exprimer,

Monsieur,

Vostre tres humble et obeissant serviteur,

TRISTAN DE SAINT-AMANT.

Je ne suis qu'à la moitié de l'impression de mes commentaires qui n'ont sceu se commencer qu'en janvier, faute de rencontre d'un libraire et d'un imprimeur telz que je les desirois; et encore la rigueur de cette saison la m'a privé longtemps de la veüe des premieres feuilles imprimées, l'imprimeur et mon graveur estantz devenuz paralytiques; et qui ne sont encore qu'à demy resuscitez. J'ay esté aussi quatre mois aux champs durant leur infortune, ce qui a reculé le tout

---

1. Le voyage de Paris à Aix était bien long en l'an de grâce 1635. Il s'agissait de franchir deux cents lieues et l'on ne faisait guères plus de vingt lieues par jour en moyenne.

extrêmement : toutesfois nous reprenons courage.
Ce 8ᵉ may 1635.

VI[1].

Monsieur,

Quelsques mois d'absence de Paris m'avoient
un peu faict oublyer l'entretien de ma curiosité,
et faict remettre à mon retour la résolution que
les amateurs de l'histoire m'obligeoient prendre
de continuer mes commentaires historiques. C'est
ce qui a esté cause que vous n'avez point esté
importuné de ma part depuis ma dernière ; bien
que vostre tres genereuse courtoysie m'aye cy
devant puissamment animé à cette continuation
par les offres de valeur incomparable que l'amour
que vous portez au public, à l'avancement des
lettres, à l'illustration de l'histoire et de l'antiquité et à la gloire de nostre nation et de nostre
langue, vous persuada me faire dans vostre derniere. Joinct que j'avois connoissance de la mul-
tiplicité des affaires, troubles et soins que l'enorme
ingratitude du plus lasche et plus mesconnoissant
des hommes vous avoit procurez [2], qui me deffen-
doient absolument la liberté de vous oser ennuyer
de cette nature d'entretien qui ne s'accommodent
qu'au repos et à la tranquillité. Mais enfin mon

---

1. *Ibid.*, fol. 134. Autographe. Même adresse.

2. Il s'agit là du baron de Rians, l'indigne neveu de Peiresc. Les amis et correspondants de ce dernier ont souvent
maltraité son ingrat neveu, mais nul n'a jamais frappé aussi
fort que Tristan.

retour m'ayant par l'empressement de mes amis de deça amateurs de l'histoire et de ces gentillesses, comme forcé de penser à commencer de faire graver les planches des medailles qu'il me sera glorieux pouvoir faire voir expliquées au public jusques à Valentinian, si j'y puis parvenir avec entiere satisfaction d'un chacun, j'ay creu que ce seroit offenser vostre generosité que de n'y avoir point recours, puisque j'ay rencontré en vous une si charitable inclination de me favoriser pour le public des jects de ce que vous aviez de plus rare entre vos medailles, qui puisse meriter, que la France fasse voir au reste de l'Europe estre sorty de vostre incomparable thresor. Estant en vous seul de me pouvoir rendre mille fois plus heureux en cette suitte, que je n'ay pu estre au premier essay dans lequel je n'ay gueres sçeu representer autre chose que ce que la pauvreté du reste du debris de mon ancien amas, m'avoit laissé, plusieurs ne se voulans persuader que j'en deusse jamais faire imprimer quelque chose, veu qu'il y avoit plusieurs années que j'en avois quicté la recherche et l'entretien. Ce qui me manque le plus sont des revers non communs de Pertinax, Julian, Albin, Niger et autres, tant empereurs qu'imperatrices non communs. Voire sur tous j'ay à desir donner le plus de Tyrans que je pourray, et outre cela le plus de revers extraordinaires des empereurs plus communs. De toutz lesquels, Monsieur, je ne vous demande que des jects, et ce encore à condition d'en payer le port, n'estant pas juste que vostre courtoysie vous soit à charge pour mon regard. Que si ma liberté ne vous désagrée, accordez luy encore, s'il vous plaist, Monsieur, que ce que vous me desirerez envoyer me soit rendu au plus tost que faire se pourra. D'autant que je desire travailler dez à present avec ordre, sur tout ce que je verray avoir qui soit digne d'estre communiqué au public, vous donnant toute asseurance, Monsieur, de vous renvoyer punctuellement et fidelement toutz les mois, celles que j'auray faict despescher des vostres par mon graveur, affin que vous soyez moins longtemps privé de la jouyssance de ce qui vous appartient. Cependant, si il est en mon pouvoir de vous rendre quelque marque plus signalée de mon obeissance, et de l'inclination très parfaicte que j'ay tousjours eue de vous honnorer plus que je n'ay eu l'heur de pouvoir faire cy devant, ce sera l'action que j'estimeray la plus glorieuse de toute ma vie, car je suis véritablement plus qu'aucun de vos amis,

 Monsieur,

Vostre tres humble et tres obeissant serviteur,

   TRISTAN DE SAINT-AMANT.

Ce 18 juin 1636.

Imprimerie DAUPELEY-GOUVERNEUR, à Nogent-le-Rotrou.